Admiral Tegetthoff und die österreichische Kriegsmarine

Admiral Tegetthoff und die österreichische Kriegsmarine

ISBN/EAN: 9783954271818
Erscheinungsjahr: 2012
Erscheinungsort: Bremen, Deutschland

© maritimepress in Europäischer Hochschulverlag GmbH & Co. KG, Fahrenheitstr. 1, 28359 Bremen. Alle Rechte beim Verlag und bei den jeweiligen Lizenzgebern.

www.maritimepress.de | office@maritimepress.de

Bei diesem Titel handelt es sich um den Nachdruck eines historischen, lange vergriffenen Buches. Da elektronische Druckvorlagen für diese Titel nicht existieren, musste auf alte Vorlagen zurückgegriffen werden. Hieraus zwangsläufig resultierende Qualitätsverluste bitten wir zu entschuldigen.

Admiral Tegetthoff

und die

österreichische Kriegsmarine.

Von einem Fachmann.

Der Reinertrag zum Besten der Verwundeten von Lissa.

Meran, 1867.
Verlag von S. Pötzelberger.

Kaum war die Nachricht der unglücklichen Schlacht von Königgrätz allgemein bekannt, so wollten auch Viele schon den wirklichen Grund zu dieser traurigen Katastrophe genau kennen. So verschiedenartig aber auch die Anschauungen hierüber waren, so trafen sie doch in einem Punkte überein: das früher oft bewitzelte, mitunter auch verspottete preußische Wehrsystem hatte die verdiente Anerkennung gefunden.

Außer der Intelligenz, die durch dasselbe bis in die letzten militärischen Chargen vertreten ist, bot dieses System der preußischen Regierung den großen Vortheil, daß dieselbe eine imposante Armee effectiv unter den Waffen hatte. — Oesterreich, das bei Beginn des Krieges nahezu noch einmal so viele Einwohner zählte als Preußen, konnte trotz aller Anstrengung, nach Errichtung der fünften Linienbataillone und Einberufung aller Reservemannschaften, nicht so viele Truppen aufstellen wie Preußen.

Allgemein wurde daher der Ansicht gehuldiget, daß auch in Oesterreich ein derartiges Wehrsystem eingeführt werden müsse, um für die Zukunft den Kaiserstaat in die Lage zu setzen, ein seiner Bevölkerung wirklich entsprechendes Heer im Nothfalle aufstellen zu können. — Die Regierung schien diese Ansicht zu theilen; sie ließ ein neues Wehrsystem von erfahrenen Fachmännern ausarbeiten und publiciren.

Aber jetzt mehr denn je soll und darf Oesterreich nicht vergeſſen, daß es nicht bloß einer Armee, ſondern auch einer entſprechenden Kriegsmarine bedarf. Was die Flotte für Oeſterreich bedeutet, das hat der letzte Krieg bewieſen.

Matroſen hatte Oeſterreich genug; denn außer den Bemannungen der Schiffe der Escadre hatte man auch noch während des letzten Krieges die Equipagen für die Gardaſee-Flotille, für die Boote der Mantuaner Seen, für die Lagunen-Flotille in Venedig, ſowie die zahlreiche Mannſchaft zum Lagunen-Transportdienſte beizuſtellen, und trotzdem verblieben im Corpsdepot in Pola noch viele Hunderte von Matroſen, die, in Compagnien zuſammengeſtellt, zum Beſatzungs- und Garniſonsdienſte verwendet wurden.

Wenn nun auch Oeſterreich in Folge der Abtretung Venetiens einen nicht unbeträchtlichen Rayon für maritime Conſcription verlor, ſo darf man hingegen nicht vergeſſen, daß es auch nicht mehr die Bemannungen für die Binnenſee- und Lagunen-Flotillen beizuſtellen hat, und daß mithin die Differenz der jährlich Conſcriptionspflichtigen kaum fühlbar für die Flotte wird.

Der Dalmatiner, ſowie der Küſtenbewohner Iſtriens, mit wenig Ausnahme, eignet ſich ohnedieß weniger zum Truppendienſte. — An Schifffahrt und Fiſcherei von Jugend auf gewöhnt, dient er am liebſten in der Flotte. — Iſt man nun in Oeſterreich an maßgebender Stelle überzeugt, daß die Flotte ein ebenſo wichtiges Element zur Aufrechthaltung der Großmachtsſtellung iſt, wie die Armee, ſo kann die Regierung aus ihren Küſtenbevölkerungen eine Unzahl Matroſen ausheben, die zur Bemannung einer Flotte genügen, welche der Welt ſtets beweiſen kann, daß die Adria kein italieniſcher See iſt; —

doch muß die Conscription an den Küstenstrichen ausschließlich für die Flotte geschehen.

Ein Infanterie-Regiment und ein Jäger-Bataillon mehr*) hätten die Schlacht von Königgrätz nicht zu Gunsten Oesterreichs entschieden; aber die Schlacht von Lissa hat der Monarchie zwei Provinzen vor der feindlichen Invasion bewahrt; wäre letztere gelungen, so wäre dieß von großer Tragweite beim Friedensschlusse gewesen.

Der Zusammentritt des Reichsrathes steht bevor; es liegt ihm eine schwere Mission ob. Die Zukunft des Kaiserstaates hängt von diesen Berathungen ab, und die Regierung selbst hat dessen Wichtigkeit mehr denn je anerkannt und das bereits publicirte Wehrgesetz sistirt, um es der einberufenen Landesvertretung vorzulegen.

Dieses Wehrgesetz aber erwähnt nicht, wenigstens nicht speciell, der Seemacht. Möge die Landesvertretung in ihren Berathungen nicht der Flotte vergessen, möge sie sich der Verdienste erinnern, die sich die Flotte am 20. Juli 1866 um Land nnd Regierung erworben, und daher die Kriegsmarine nicht ferner als Stiefkind betrachten.

Aber zu einer Flotte sind außer Matrosen auch Schiffe nöthig. Die Auslagen für die Vergrößerung der Flotte dürfen heutzutage nicht mehr so engherzig behandelt und bewilliget werden, wie in den letztvergangenen Jahren.

Jeder Oesterreicher wird sich erinnern, welch' allgemeinen Jubel die Siegesbotschaft von Lissa erregte. Admiral Tegetthoff war der Held des Tages und Oesterreich war stolz auf seine Flotte.

---

*) Istrien und Triest stellt ein Infanterieregiment, Dalmatien ein Jägerbataillon.

Umsomehr aber erregte eine Nachricht, welche Wiener Journale Anfangs October 1866 brachten, bei der der Flotte damals so günstigen Stimmung allgemeines Erstaunen und vielseitig auch Bekümmerniß. „Admiral Tegetthoff, der kühne Sieger von Lissa, ist des Escadrecommandos enthoben und der angesuchte längere Urlaub ist ihm bewilligt." — Der von der „Wiener Abendpost" hiezu gebrachte Commentar beruhigte nicht, im Gegentheile veranlaßte er die „Presse", dem Admiral einen Leitartikel zu widmen, der die theilnehmende Aufregung für den populären Helden noch vermehrte.

Admiral Tegetthoff genießt die wohlverdiente Popularität, und zwar ohne darnach zu haschen, sondern in Anerkennung seiner der Regierung und dem ganzen Lande geleisteten uneigennützigen Dienste. Der Sieg, den er bei Lissa errungen, ist in seinen Folgen gewiß nicht von geringerer Tragweite als mancher große Landsieg, der in der Weltgeschichte mit goldenen Buchstaben verzeichnet ist.

Es ist wahr, daß selbst in der Bevölkerung Oesterreichs der Sieg von Lissa nicht in seinem ganzen Werthe gewürdiget wurde; man freute sich allgemein über den Waffenerfolg als solchen; doch wenige Tage später hatten wir Gelegenheit, in einem der ersten und bestredigirten Journale Wiens einen Artikel hierüber zu lesen, der eher in der „Kölnischen" oder „Kreuzzeitung" an seinem Platze gewesen wäre.

Hätte sich dieser Artikel ohnedieß nicht durch Naivität und durch stellenweise Bescheidenheit ausgezeichnet, so hätte er damals gleich eine energische Erwiderung verdient. Während Fachmänner der großen maritimen Staaten dem Admiral Tegetthoff und der von ihm befehligten Escadre die größte Anerkennung zollten, läßt der Schreiber des erwähnten Artikels einen

Herrn der Budgetcommission des seligen Reichsrathes die Rolle des delphischen Orakels spielen, hat jedoch die Bescheidenheit, seinem Mäcen nicht auch das gänzliche Verdienst des Sieges zuzuschreiben. Dieser Artikel charakterisirt aber vollkommen die Ansichten gewisser und auch maßgebender Kreise Oesterreichs über die maritimen Verhältnisse des eigenen Landes. Unterschätzung des Feindes, das traurige Vermächtniß der glänzenden Waffenerfolge der österreichischen Armeen in den Kriegsjahren 1848—49, mag theilweise Schuld der Mißerfolge in den Feldzügen der Jahre 1859 und 1866 gewesen sein. Leider glaube ich uns noch nicht gänzlich davon geheilt, und eben diese Unterschätzung des Feindes muß auch der leitende Gedanke dieses Herrn Referenten im Reichsrathe gewesen sein.

Auf der Escadre herrschte aber eine andere Ansicht. Welcher Geist die Bemannungen der Schiffe der österreichischen Flotte von ihrem unvergleichlichen Admiral bis zum letzten Schiffsjungen beseelte, das hat der Erfolg bewiesen; aber diesen Erfolg hat Niemand vorausgesehen. Bis zum letzten Manne auszuharren und durch eigene Aufopferung dem Feinde den größtmöglichen Schaden zuzufügen, das war die überwiegende Ansicht. Admiral Tegetthoff konnte daher der italienischen Flotte die Schlacht mit dem Bewußtsein bieten, wohl untergehen, aber nicht besiegt werden zu können. Ich denke, daß sich seine Hoffnungen nicht so weit erstreckten, für Oesterreich ein Trafalgar zu gewinnen, und doch ist der Sieg von Lissa für Oesterreich verhältnißmäßig von beinahe so großer Tragweite, wie der Sieg von Trafalgar es für England war.

Königgrätz entschied zwar über den Ausgang des Feldzuges; aber Oesterreich war dadurch nicht gebrochen, es hätte nöthigen Falles noch die Campagne fortsetzen können.

Was Oesterreich durch Königgrätz in Deutschland verlor, das hat es durch den Tag von Lissa im adriatischen Meere gewonnen. Die italienische Flotte wäre selbst bei einer Fortsetzuug des Krieges nicht mehr im Stande gewesen, der österreichischen Escadre nochmals eine Schlacht zu bieten, und hiedurch hat Oesterreich unbestritten die Herrschaft über die Adria erlangt; eben diese Herrschaft, die es, aus den bisherigen Vorgängen zu schließen, nie besonders gewünscht, die es im Jahre 1815 freiwillig in Englands Hände legte, und sich so nicht mehr als maritime Macht betrachtete, sondern die Unterhaltung einiger größerer Kriegsschiffe zum Schutze des Handels im Oriente für genügend erachtete. In den österreichischen Provinzen war die Idee einer Kriegsmarine, weil kostspielig, eine unbeliebte, und selbst das Gefecht von Helgoland hatte nur die Folge, daß man die Ueberzeugung erlangte, Oesterreicher könnten sich auch zur See gut schlagen.

Daß die Herrschaft im adriatischen Meere doch von einiger Wichtigkeit sei, läßt sich wohl aus dem Umstande schließen, daß England bei den Verträgen im Jahre 1815 so großes Gewicht darauf legte. Durch diese Verträge erhielt Oesterreich das Gebiet der ehemaligen Republik St. Marco, und hätte mithin auch die jonischen Inseln erhalten sollen. England beanspruchte damals die Insel Lissa, um einen festen Punkt in der Adria zu haben, von wo aus dieselbe leicht zu beherrschen war. Endlich kam man überein, daß Oesterreich Lissa erhielt und hingegen auf die jonischen Inseln verzichtete, die unter Englands Oberherrschaft kamen. England hatte somit erreicht, was es gewünscht, indem Corfu so zu sagen der Schlüssel zum adriatischen Meere ist. — Viel mag zu diesem Uebereinkommen die damals schon in Oesterreich vorherrschende Abneigung gegen eine Kriegsmarine und die Ansicht, daß selbe nicht nothwendig sei, beigetragen haben, denn um die jonischen Inseln zu behaupten, hätte es stets einer entsprechenden Flotte bedurft. — Bei den englischen Staatsmännern scheint überhaupt die Idee, daß Oesterreich auch zur See eine seiner damaligen Großmachtsstellung entsprechende Kriegsmacht heranbilden könnte, nicht beliebt gewesen zu sein. Diese Herren wußten besser das hiezu vortrefflich geeignete Material zu schätzen, welches Oesterreich durch die Besitznahme von Istrien und Dalmatien erhielt. Das waren eben jene Provinzen, aus welchen die Republik Venedig ihre Equipagen für die Flotte nahm, der sie zum großen Theile ihre Macht verdankte. — Auch mögen diese Herren damals schon gedacht haben, daß eine Zeit kommen könnte, wo die politischen Ansichten beider Regierungen stark divergiren würden; hatte Oesterreich dann eine entsprechende eigene Flotte zu seiner Verfügung, so konnte es selbstständig handeln; ohne Flotte hingegen war es genöthigt, die Freundschaft einer großen Seemacht zum Schutze seiner ausgedehnten Küsten zu suchen. Daß diese Seemacht keine andere als England sein könne, wurde als selbstverständlich angenommen, und es wurde diese Idee in ganz Oesterreich so verbreitet und war so festgewurzelt, daß man, obwohl bereits im Jahre 1848 und 1849 die Thatsachen uns eines Anderen belehrten, im Jahre 1859 mit Bestimmtheit darauf rechnete, England würde das adriatische Meer beschützen und der franco-sardischen Flotte die Einfahrt verbieten.

Bei der Uebernahme Venedigs befanden sich im dortigen Arsenale viele große Kriegsschiffe aller Gattungen, theils ausgerüstet, theils der Vollendung nahe, theils im Baue. Den hohen Orts entsprechenden Ansichten gemäß wurden die Linienschiffe rasirt oder zerschlagen, die im Baue begriffenen Schiffe aber in dem Zustande belassen, in welchem sie vorgefunden wurden, und der künftige Stand der Flotte auf das Minimum reducirt festgestellt. Es hieß damals allgemein, Oesterreich habe England gegenüber die Verpflichtung eingegangen, für mehrere Jahrzehend die Escadre in diesem Stande, ohne sie zu vergrößern, beizubehalten, wohingegen England in eventuellen Fällen den Schutz der Küsten zu übernehmen versprach. Wenn diese Verpflichtung wirklich eingegangen war, so hat sie Oesterreich sehr gewissenhaft eingehalten, denn nicht nur wurde die Flotte nicht vergrößert, sondern sie verkleinerte sich immer mehr, da man noch mehrere größere Schiffe eingehen ließ, und höchstens dafür einige Goëletten und Penichen baute, letztere ohnedieß nur zur Küstenwache gegen die Schmuggelei dienlich.

Die Ereignisse des Jahres 1848 zeigten aber plötzlich, daß Oesterreich doch auch einer eigenen Flotte bedürfe; die sardinische Flotte blockirte die wenigen österreichischen Schiffe in Triest; englische Kriegsschiffe waren zwar im adriatischen Meere, aber sie begnügten sich mit einer neutralen Zuschauerrolle und begünstigten eher Oesterreichs Feinde.

Die geringe Sorgfalt, welche die Regierung bis dorthin auf ihre Kriegsmarine verwendet hatte, rächte sich bitter in ihren Folgen. Das Officierskorps der Marine bestand fast durchgehends aus Italienern; die wenigen deutschen, zum größten Theile Söhne von österreichischen Beamten und Officieren, assimilirten sich entweder dem vorherrschenden italienischen Elemente, oder sie mußten für sich leben und hatten einen schweren Standpunkt. Die Flotte wurde von den Venetianern als italienisches Nationaleigenthum betrachtet, und die giovine Italia zählte viele ihrer eifrigsten Anhänger unter den österreichischen Marineofficieren.

In den Binnenprovinzen wußte man kaum, daß Oesterreich auch einige Kriegsschiffe besaß, denn die Flotte hatte bisher noch nichts geleistet. Eine ziemlich mißglückte Expedition gegen Marocco war die erste Waffenthat; während der griechischen Freiheitskriege kamen die österreichischen Kriegsschiffe nie zu einer besonderen Verwendung; ja einmal sogar wagten es griechische Piraten einen von österreichischen Kriegsschiffen escortirten Convoi anzugreifen; — bei der Beschießung von St. Jean d'Acre wurde die österreichische Flagge bei der englisch-türkischen Flotte durch zwei kleine Fregatten und eine Korvette vertreten und nahmen diese Schiffe am Bombardement Theil; doch war diese Campagne von zu geringem allgemeinen Interesse, um die Aufmerksamkeit der Bewohner der Binnenprovinzen auf die Flotte zu richten.

Die traurige Katastrophe der beiden Söhne des österreichischen Admirals Bandiera und des jungen Moro, alle drei österreichische Marineofficiere, im Jahre 1846, sowie der bei Ausbruch der Revolution im März 1848 in Venedig erfolgte Uebertritt des größten Theiles der damaligen Marineofficiere zur Revolutionspartei konnte keinesfalls die allgemeine Sympathie für eine Institution erwecken, die nicht nur dem Lande bisher keine Vortheile gebracht, ja durch den begangenen Verrath nur den Abfall Venedigs erleichterte und begünstigte. Die Regierung in Wien war zu wiederholten Malen aufmerksam gemacht worden auf den schlechten Geist, der auf der Flotte herrschte, traf aber keine genügenden Vorsichtsmaßregeln, weil die Kriegsmarine das echte Stiefkind der österreichischen Regierung war.

Hätte die Regierung früher ihr Augenmerk darauf gerichtet, hätte sie für die Flotte dieselbe Sorgfalt wie für die Armee verwendet, hätte sie auch in der Marine die Amalgamirung des deutschen Elementes beschützt und befördert, so hätte sie ohne viel größeren Kostenaufwand im Momente des Bedarfes eine verläßliche und genügend starke Escadre gehabt, um den Sarden zur See ebenso erfolgreich die Spitze bieten zu können wie zu Land; Venedig hätte nie erfolgreich die Revolution durchführen können; Millionen Geld, Tausende von Menschenleben hätten nicht geopfert werden müssen, um Venedig wieder zu unterwerfen.

Unter den obwaltenden Verhältnissen aber war die kleine österreichische Escadre, welche der Regierung verblieb, zur Unthätigkeit verurtheilt, und erst als in Folge des Sieges von Novara die sardische Flotte das adriatische Meer verlassen mußte, konnte die österreichische Escadre Venedig erfolgreich blokiren, an der Einnahme Ancona's theilnehmen, und mithelfen die Revolution zu besiegen.

Die verhältnißmäßig geringe Anzahl der Marineofficiere, welche im Jahre 1848 ihrem Eide treugeblieben, bildete den Stamm, der die Escadre gründete, welche am 20. Juli 1866 bei Lissa dem doppelt überlegenen Feinde die Revanche für das Jahr 1848 bot und das Schlachtfeld so glänzend behauptete. Aber die Zahl dieser Officiere war zu gering, um selbst die wenigen übrig gebliebenen Schiffe damit zu besetzen; auch wurden die aus den insurgirten italienischen Provinzen stammenden Matrosen in ihre Heimat entlassen. Die Regierung war daher genöthiget, Officiere und Matrosen schleunig zu werben; als erstere kamen viele tüchtige Capitäne der österreichischen Handelsmarine; die Matrosen wurden gegen hohes Handgeld in Dalmatien geworben; ferner mußte die Regierung gegen theueres Geld bei der Lloydgesellschaft in Triest zwei Dampfschiffe kaufen und mehrere miethen.

Nach der Einnahme Venedigs wurde begonnen, die Kriegsmarine zu reorganisiren, oder vielmehr eine österreichische Flotte zu gründen. Nachdem militärische Autoritäten, wie Marschall Radetzky und Heß, es für unumgänglich nothwendig erklärten, daß Oesterreich eine Flotte besitze, die der vereinigten sardoneapolitanischen Flotte überlegen sei, um dadurch unbedingt die Herrschaft im adriatischen Meere zu behaupten, wurde nach langen Berathungen in Wien ein Stand festgesetzt, der nicht bloß den gestellten Forderungen entsprechend gewesen wäre, sondern auch Oesterreich de facto zur Seemacht zweiten Ranges gemacht hätte. Aber vom Wollen zur That ist oft ein gar weiter Weg.

Viele junge Leute aller Stände, nicht bloß aus Oesterreich, sondern auch aus Dänemark und den Staaten des deutschen Bundes, angezogen durch den Reiz der Neuheit, traten als Seecadeten in Dienst und wenige sahen ihre Hoffnungen nicht erfüllt. An der Spitze der Marine stand Admiral Dahlerup, ein geborner Däne, der in seinem Vaterlande den Ruf eines vorzüglichen Marineofficiers verdientermaßen genoß. Aber er paßte nicht für die Verhältnisse in Oesterreich. Gewöhnt an die Vorschriften und Gebräuche der dänischen Flotte, konnte er sich nicht gleich in die hier zu Lande damals herrschende Ansicht hineinfinden, daß für die Flotte nur dieselben Vorschriften maßgebend sein dürften, wie für die Landarmee. Auch erachtete man in Wien für nothwendig, einen an die eiserne Disciplin und Subordination der österreichischen Armee gewöhnten Mann an die Spitze zu stellen, um der jungen Flotte gleich anfangs jene Anschauung über militärischen Geist beizubringen, wie man selbe wünschte.

Deshalb wurde einer der aus den Feldzügen in den Jahren 1848 und 1849 bekannten und verdienten Generale der Landarmee mit dieser Aufgabe betraut und zum Chef der Marine ernannt. Dieses Interregnum dauerte jedoch nur einige Jahre, bis der Erzherzog Ferdinand Max das Obercommando übernahm. Der Erzherzog hatte aus Vorliebe diese Carriere gewählt, und sich dazu ausgebildet, indem er alle die verschiedenen Dienstesleistungen des Marineofficiers am Bord eines Schiffes praktisch studirte und durchmachte. Mit allgemeinem Jubel wurde die Ernennung des geliebten Prinzen in der Escadre aufgenommen. — Wenn Oesterreich dem Admiral Tegetthoff den glänzenden Sieg von Lissa verdankt, so muß es dem Erzherzoge Ferdinand Max die Flotte in ihrer gegenwärtigen Gestaltung verdanken. — Die Umgestaltung aller Flotten in Folge der Einführung der Dampfschraube machte eine Abänderung des Standes der zu erbauenden Schiffe nothwendig. Rastlos arbeitete der Erzherzog, um die Projecte zu prüfen, und deren Gewährung höchsten Orts zu erlangen, indem er den ganzen Einfluß seiner persönlichen Stellung aufbot. Seine drei Jahre später erfolgte Ernennung zum Generalgouverneur des lombardo-venetianischen Königreiches erlaubte ihm nicht mehr seine ganze Thätigkeit der Kriegsmarine zu widmen; doch vernachlässigte er dieselbe deshalb nicht.

Der Krieg im Jahre 1859 verursachte einen Stillstand in der Entwicklung der Marine; noch war sie numerisch zu gering, um irgend eine erfolgreiche That zu vollbringen, aber derselbe Geist, der die Escadre bei Lissa beherrschte, war auch damals in der ganzen Flotte. Doch kaum war der Friede geschlossen, so entwickelte der Erzherzog doppelte Thätigkeit. Seinem rastlosen Drängen allein ist es zu verdanken, daß Oesterreich binnen drei Jahren bereits fünf Panzerfregatten besaß. Wäre es nach seinem Wunsche gegangen, so wäre Oesterreichs Flotte derartig gewesen, daß Admiral Tegetthoff im vorjährigen Kriege, anstatt die italienische Flotte aus österreichischen Gewässern vertreiben zu müssen, den Feind hätte in Genua oder vor Spezzia aufsuchen können.

Aber alle Anstrengungen des Erzherzogs scheiterten größtentheils an der allgemeinen Abneigung gegen eine mächtige Kriegsmarine. Die Reichsrathsdebatten über diesen Gegenstand sind genügend bekannt und die Regierung selbst war in diesem Punkte sehr nachgiebig. Während bei den Berathungen über die Budgets anderer Ministerien um kleine Beträge gehandelt wurde, ließ man beim Marinebudget ohne großen Widerstand Millionen streichen, ja man ging so weit, die Frage aufzustellen, ob eine starke Küstenbefestigung nicht zweckmäßiger und für die Dauer billiger wäre, als eine entsprechende Defensiv-Escadre, denn mehr benöthige Oesterreich ja nicht. Freilich hatten die Herren im Reichsrathe damals Recht, geleitet vom Gedanken der höchsten Oeconomie, über die zur Herstellung einer Panzerflotte nöthigen Auslagen zu erschrecken; hatte man ja doch ein paar Jahre verstreichen lassen und Italien Zeit gegeben, eine den jetzigen maritimen Verhältnissen entsprechende Flotte zu schaffen. Der leitende Gedanke der italienischen Staatsmänner war seit dem Frieden von Villafranca wohl der, daß Italien eine mächtige Flotte bedürfe, um im Falle eines Krieges mit Oesterreich zur See die Uebermacht zu haben und dadurch Vortheile zu erlangen, die selbst die Folgen einer verlorenen Landschlacht wenigstens paralysiren müßten. Erzherzog Ferdinand Max verstand wohl diese Absicht. Die Einführung der Panzerschiffe hatte eine großartige Umänderung sämmtlicher Flotten bedingt, denn damals war allgemein, selbst unter den eminentesten Fachmännern, die Ansicht vorherrschend, daß ein gewöhnliches Holzschiff im Kampfe gegen ein Panzerschiff unbedingt verloren sein müsse, und als untrüglicher Beweis dienten die Seegefechte während des Krieges der Nord- und Südstaaten Nordamerikas. Damals wäre es Oesterreich leichter gewesen, mit anderen Seemächten und besonders mit Italien gleichen Schritt zu halten.

Der Erzherzog that Alles, um diese Ansicht zu verbreiten und in der Bevölkerung Proselyten für die Idee der Nothwendigkeit einer mächtigen Flotte zu werben. Er bewies nicht bloß mit Worten, sondern auch in der That, daß das für die Herstellung einer Flotte verausgabte Geld zum größten Theile nur dem eigenen Lande zu Nutzen komme, indem die Industrie dadurch gewänne und gehoben würde. Die sieben Panzerfregatten, die Oesterreich jetzt besitzt, sind im Inlande mit inländischem Materiale und mit inländischen Kräften gebaut. Daß Oesterreich heute eine Maschinenfabrik in Triest besitzt, die mit jeder englischen Fabrik, was Präcision, Solidität und selbst Vollkommenheit der einzelnen Theile in der Façon anbelangt, wetteifern kann, verdankt es nur dem unermüdlichen Streben des Erzherzogs zur Hebung und Vergrößerung der Kriegsmarine. Da bei dem für die Marine ausgesetzten Budget es nicht möglich war, stets eine große Escadre ausgerüstet zu halten, so ging das Streben des Erzherzogs darnach, durch Zusammenstellung einer jährlichen Uebungs-Escadre so viel als möglich den Officieren Gelegenheit zu geben, lernen und das Erlernte praktisch verwenden zu können, wenn die Dauer der jährlichen Uebungen auch nur nach Wochen bemessen werden konnte. Aber gerade dieser hiedurch erlangten Manövrirfähigkeit der Commandanten und Officiere ist ein Theil des Sieges von Lissa zu verdanken.

Geschwindigkeit und weittragende Geschütze sind die Hauptfactoren zu einem erfolgreichen Seegefechte. Beides besaßen die Schiffe der italienischen Flotte, hingegen mangelten diese Vorzüge mit wenigen Ausnahmen den österreichischen Schiffen. Die Mehrzahl der österreichischen Schiffe kann keine größere Geschwindigkeit als fünf bis neun Seemeilen per Stunde erreichen, weil die Maschinen, obwohl vortrefflich als solche, zu schwach für die Schiffskörper sind; — die italienischen Schiffe hingegen erreichten durchschnittlich eine Geschwindigkeit von zehn bis dreizehn Seemeilen. In tüchtigen, erfahrenen Händen wäre dieser Umstand allein schon ein sicheres Pfand des Sieges gewesen; aber so wußten es die betreffenden Commandanten nicht zu verwerthen, denn es gelang Keinem, ein österreichisches Schiff anzurennen und wenn sie es versuchten, so manövrirten die österreichischen Commandanten jedesmal so vorzüglich, daß sie den Versuch vereitelten.

Daß dem Admiral Tegetthoff die Gelegenheit geboten werden konnte, seinem Lande einen so großen Dienst zu erweisen und sich ein Blatt in der Weltgeschichte zu erwerben, ist auch theilweise noch des Erzherzogs Verdienst. Es gab einen Augenblick, wo Admiral Tegetthoff, der damals obwaltenden Verhältnisse überdrüssig, sich vom Dienste zurückziehen wollte; aber der Erzherzog hatte bereits längst erkannt, daß der Admiral der Mann der That war, und ließ ihn nicht aus dem Dienste scheiden, indem er ihn versicherte, er werde und müsse noch Carriere machen, auch wenn er für den Augenblick nicht wolle. Als der Erzherzog aus Oesterreich schied und das Obercommando der Marine niederlegte, war wieder ein entscheidender Moment für die österreichische Kriegsmarine gekommen. Viele der Officiere fürchteten, daß mit ihm der gute Genius der Marine geschieden. Welches konnte ihr Schicksal bei der allgemeinen Abneigung gegen dieselbe sein, nachdem sie ihre kräftigste Stütze verloren? Was halfen auch die Adressen der Handelskammern von Fiume und Dalmatien, welche noch kurz vor dem Scheiden des Erzherzogs für die Vergrößerung der Flotte entschieden plaidirten, indem sie bewiesen, daß ein reger Seehandel den Schutz einer entsprechenden Kriegsmarine unbedingt benöthige?

Das Marineministerium wurde aufgelöst, die Kriegsmarine als ein Departement dem Kriegsministerium einverleibt, und es war zu befürchten, daß die Flotte wieder die Stellung in Oesterreich einnehmen werde wie vor dem Jahre 1848. — Viele Officiere befaßten sich schon mit dem Gedanken, eine andere Carriere zu suchen. — Das Gefecht von Helgoland, welches Admiral Tegetthoff gerade zu jener Zeit den dänischen Schiffen lieferte, änderte die Sachlage; — die österreichische Flotte hatte mit vollen Ehren die Feuertaufe bestanden; sie hatte das Glück, ihr Debut gegen Kriegsschiffe einer Nation zu bestehen, die von ihrer Tüchtigkeit und Vorzüglichkeit zur See viele Proben geliefert, und die sich durch Muth und Ausdauer stets ausgezeichnet.

Wäre Admiral Tegetthoff, der auch damals gegen die Uebermacht focht, unterlegen, so hätte Niemand dafür die österreichische Escadre schmähen dürfen, denn sie hatte nicht nur die numerische Uebermacht gegen sich, sondern auch die Elite der dänischen Flotte, was Commandanten und Officiere anbelangt.

Zum ersten Male hatten österreichische Zeitungen über eine ruhmvolle That der österreichischen Escadre zu berichten und man konnte sich nun durch Thatsachen überzeugen, daß die

Flotte für Oesterreich mehr bedeute, als ein kostspieliges, überflüssiges Spielzeug. Seitdem sich auf der Flotte, sowohl unter den Officieren als unter den Bemannungen, Angehörige aller Nationen des Kaiserstaates befanden, gab es doch in jeder Provinz einige Menschen, die um die Existenz der Flotte wußten und sich darum bekümmerten. — Leider war selbst die schöne Waffenthat bei Helgoland nicht genügend, um die jahrelangen Vorurtheile zu beseitigen; — man hatte zwar die Ueberzeugung erlangt, daß auch Officiere im offenen Rocke und mit umgeschlagenen Hemdkragen und Soldaten im einfachen Leinwandhemde sich tapfer schlagen können; auch das Verhältniß der Flotte zur Armee wurde besser, indem erstere bewies, daß ihr keine jener Soldatentugenden mangle, welche die österreichische Armee so besonders auszeichnen; auch höchsten Ortes war die Freude groß und der Admiral Tegetthoff der Held des Tages; — doch wie alles Irdische vergänglich ist, so dauerte auch diese für die Flotte vortheilhafte Stimmung nur kurze Zeit.

Admiral Tegetthoff ist mehr Mann der That als des Wortes, insoferne als er wohl im größten Sinne des Wortes nach Wunsch handeln, aber nicht stets nach dem Sinne reden kann; auch in dieser Hinsicht ist er ein echter Seemann. An die Gefahr gewöhnt, jederzeit gewärtig den Elementen trotzen zu müssen, um seinen Standpunkt zu bewahren, ist sein Charakter darnach geworden. Er fürchtet nicht ein freies Wort zu reden, wenn es nach seiner Ueberzeugung für das Wohl der Sache nothwendig ist, für die er zu plaidiren hat; wohl dem Staate, der viele solche Männer zur Verfügung hat, um das Staatsruder lenken zu helfen. Aber Admiral Tegetthoff hatte in einer derartigen Stellung mehr Stürme durchzumachen, mehr Klippen und Riffe zu umschiffen, als bisher in

2

seiner jahrelangen maritimen Praxis. Man glaubte wohl nach dem schleswig=holsteinischen Feldzug an eine neue Friedens=Aera; die Flotte wurde abgerüstet, ein neuer Obercommandant hatte den Platz des Erzherzogs Ferdinand Max eingenommen und eine neue Organisirung wurde vorgenommen. Admiral Tegetthoff erhielt das Commando der wenigen ausgerüsteten Schiffe und kreuzte mit diesen im adriatischen Meere und in der Levante.

Von der Idee durchdrungen, daß Oesterreichs Wohlfahrt von der Ausbreitung und Vergrößerung seines Handels abhänge, hatte der jetzige Handelsminister Admiral Baron Wüllerstorf es endlich erreicht, daß eine Schiffsabtheilung nach Japan, China und Ostindien abgehen sollte, um Oesterreichs Flagge zu ver= treten, und wo möglich mit ersteren beiden Ländern vortheilhafte Handelsverträge abzuschließen; schon waren die Kriegsschiffe hierzu bestimmt und der Zeitpunkt für die Abreise der Expedition. Admiral Tegetthoff war mit deren Commando betraut und ihm ward auch die verdienstvolle Mission zu Theil, die zur Hebung des vaterländischen Handels und der Industrie so nöthigen Handels= beziehungen anzuknüpfen und wo möglich auch vortheilhafte Ver= träge abzuschließen. Aber noch vor dem zur Abreise bestimmten Zeitpunkte hatten die politischen Verhältnisse zwischen Oesterreich und Preußen eine so ernste Wendung genommen, daß die beabsich= tigte Mission aufgeschoben werden mußte. — Als auch bald darauf Italien offen seine feindlichen Absichten kund gab, wurde mit aller Eile die Ausrüstung der Escadre begonnen. Mit diesem Moment bereits begann das große Verdienst, das Admiral Tegetthoff sich im letzten Kriege um Oesterreich erworben. Ohne die rastlose Energie des erprobten Seemannes, der hierin treulich durch die Thätigkeit des Admiral Baron Bourguignon unter= stützt wurde, hätte sich der Glaube an einen andauernden Frieden bitter gerächt. — Nicht bloß hatte man in Folge dieser Friedenszuversicht die Mehrzahl der Schiffe gänzlich abgerüstet, sondern man hatte auch größere, nöthige Reparaturen mehrerer Schiffe (darunter auch des Linienschiffes „Kaiser", welches bestimmt war, im Laufe des Frühjahres behufs einer Generalreparatur an's Land gezogen zu werden) in die Länge gezogen, um das Budget nicht zu sehr zu belasten und die Vollendung der zwei großen Panzerfregatten mit einer wahrhaft patriarchalischen Gemüthlichkeit betrieben, als wenn die Möglichkeit eines baldigen Krieges in das Reich der Mythe gehöre.

Die Ansichten, die man über die Rolle hegte, welche die Escadre im bevorstehenden Kriege spielen würde, sind leicht aus dem Umstande ersichtlich, daß man nicht Willens war, das Linienschiff und die beiden großen Panzerfregatten (die drei größten Schiffe der österreichischen Flotte) auszurüsten.

Nur nach wiederholten und eindringlichen Bitten und Vorstellungen erhielt Admiral Tegetthoff die Bewilligung zur Ausrüstung dieser Schiffe mit dem vorhandenen Material, und seiner Fürsorge gelang es, dieselben, wenn auch nur nothdürftig ausgerüstet, zur Escadre in Fasana stoßen, und die einige Wochen vor Beginn des Krieges verrätherischerweise im Hafen von Pola in Brand gesteckte Fregatte „Novara" schleunigst repariren zu lassen.

Die weiteren Vorgänge, wie Tegetthoff mit seiner kaum zusammengestellten Escadre sich vor Ancona begab, um die italienische Flotte zum Kampfe herauszufordern, sind bereits genügend bekannt. Es dürfte wohl keinem Zweifel unterliegen, daß dieses kühne Vorgehen den Italienern imponirte. Italien hatte seit sieben Jahren Hunderte von Millionen für seine Flotte verausgabt und auch seinen Zweck insoferne erreicht, daß es ebenso

viele ausgerüstete Panzerfregatten besaß, wie Frankreich oder
England. Die Flotte war Italiens Stolz und allgemein war
der Glaube verbreitet, daß Oesterreichs Escadre höchstens unter
dem Schutze der mächtigen Batterien Pola's ein Gefecht liefern
könne. Da erschien Tegetthoff plötzlich vor Ancona und die
italienische Flotte wagte selbst nicht unter dem Schutze der
Batterien Ancona's und der zahlreichen Seeminen die Heraus=
forderung anzunehmen. Sie müssen damals bereits die Ueber=
zeugung erhalten haben, daß die österreichische Escadre doch
kein so gering zu schätzender Gegner sei. Bis nicht die wenigen
noch fehlenden Schiffe zur italienischen Flotte gestoßen waren,
hörte man nichts von derselben, die nach der Ansicht der Regie=
rung durch ihr bloßes Erscheinen in der Adria Schrecken und
Verwirrung in den österreichischen Küstenländern erregen sollte.

Admiral Tegetthoff wußte wohl, daß sein Gegner genau
über die Stärke der österreichischen Escadre bis in das geringste
Detail unterrichtet war und daher seine Gefechtsweise darnach
einrichten werde. Demgemäß befahl der Commandirende, als er
am Tage von Lissa die feindliche Flotte in Sicht bekam und
seine Gefechtsordnung kundgab, daß keines der Schiffe eher
einen Schuß abfeuere, bis der erste Schuß vom Admiralschiff
falle, und nun ging er mit der möglichsten Geschwindigkeit auf
das Centrum des Feindes los. Wie richtig Tegetthoff seinen
Gegner beurtheilte, bewies die Thatsache, daß die italienische
Flotte bereits auf eine Distanz von 1900 Klaftern das Feuer
eröffnete, auf die Wirkung ihrer schweren und weittragenden
Kanonen bauend. — Unbekümmert um den heftigen Kugel=
regen setzte Tegetthoff seinen Curs fort und erst auf eine
Distanz von 200 Klaftern vom Feinde eröffnete er das Feuer,
da auf solch' geringe Distanz auch das kleinere Caliber der öster=

reichischen Kanonen verheerend wirken und die Caliberdifferenz durch schnelles und gutgezieltes Feuer ausgeglichen werden konnte. Italienische Marineofficiere konnten selbst nicht läugnen, daß die Angriffsweise ihnen imponirte. Welches immer auch das Urtheil sein mag, was das Kriegsgericht über den Admiral Persano fällen wird, so kann dadurch doch nicht das Verdienst Tegetthoff's und der österreichischen Escadre vermindert werden. Eine Seeschlacht ist von einer Landschlacht sehr verschieden und besonders seit Einführung der Dampfkraft ist es durch den dichten Rauch, mit dem Pulverdampf vermengt, oft dem Admiral unmöglich, den untergeordneten Schiffen seine Befehle durch die einzig möglichen Flaggensignale zu ertheilen; — der Admiral führt seine Flotte in's Feuer, sobald aber der Kampf der einzelnen Schiffe beginnt, dann hängt das Meiste von der Tüchtigkeit der Commandanten ab. — Persano ist daher nicht allein der Schuldige, sondern mit ihm tragen die Schuld sämmtliche ihm unterstehende Commandanten; durch Erfahrung und vortreffliches Manövriren der österreichischen Commandanten, durch Ruhe und Kaltblütigkeit der Officiere und Mannschaften, durch das wohlgezielte und schnelle Feuer war die Uebermacht der Gegner überwogen, da den italienischen Commandanten, Officieren und Mannschaften diese militärischen Tugenden und Vorzüge größtentheils fehlten.

Mit stolzem Bewußtsein auf die herrliche Flotte mögen die Italiener von Ancona ausgelaufen sein, in der Hoffnung, die österreichische Escadre binnen wenigen Stunden zu vernichten und dann von Dalmatien und Istrien Besitz zu ergreifen, eine starke Truppenmacht dort ungehindert auszuschiffen und dadurch eine gefährliche Diversion in der Flanke und im Rücken der österreichischen Armee zu bezwecken. — Wäre dieser Plan gelungen, so hätte Oesterreich im Norden wie im Süden viel schwerere Friedensbedingungen annehmen müssen. Aber so gab Admiral Tegetthoff noch in der zwölften Stunde den traurigen Verhältnissen unverhofft eine bessere Wendung. Die österreichische Escadre war sich ihrer Aufgabe wohl bewußt. Der langersehnte Moment war endlich gekommen, um das jedem Einzelnen vorgesteckte Ziel zu erreichen. Jeder österreichische Marineofficier wußte ja von dem Tage seines Eintrittes in die Marine, daß der Zweck der Flotte nur der war, früher oder später einmal gegen Italien zu kämpfen; — siegen oder untergehen war das Losungswort Aller, aber nie besiegt werden. — Dieser Geist wurde traditionell genährt und erhalten und führte glücklich zum Ziele. Admiral Tegetthoff, der Abgott der Flotte, theilte diesen Geist im höchsten Grade, wußte ihn aber auch zu benützen und zu verwerthen.

Jeder einzelne österreichische Marineofficier, der bei Lissa gefochten, ist ein Held, und Oesterreich kann nicht bloß, es muß auch darauf stolz sein. Welches wäre trotz dieses schönen Materials, trotz dieses unübertrefflichen Geistes der Erfolg von Lissa in andern Händen geworden? Zweifelsohne hätte Jeder unter eines Andern Führung ebenso seine Pflicht gethan, aber sicher nicht mit demselben Vertrauen und derselben Hingebung. Seit nahezu vier Jahren commandirte Admiral Tegetthoff kleinere und größere Escadres, aber wo er erschien, wußte er stets seine Stellung genau aufzufassen und die österreichische Flotte jenen der großen Seemächte gleichzustellen.

Bei Beginn der griechischen Revolution im Jahre 1862 wurde Tegetthoff als Comodore mit einer Flottenabtheilung in die Levante gesendet. Es war dieß nicht eine bloß maritime Sendung, besonders der griechischen Nation gegenüber, die seit dem Krimkriege der österreichischen Regierung nicht mehr sehr hold war. Die großen Seemächte waren damals in der Levante durch imponirende Escadres vertreten, auch die italienische Flottenabtheilung war der österreichischen durch Zahl und Qualität der Schiffe weit überlegen, und doch war das Auftreten des Admirals Tegetthoff so tactvoll und energisch, daß er überall mit der größten Achtung empfangen wurde und sein Wort nie ungehört blieb; ja die österreichische Flagge erlangte, Dank der Persönlichkeit ihres Comodores, beinahe dieselbe Beliebtheit, welche sie vor dem Krimkriege genoß. — Das Gefecht von Helgoland wurde von unparteiisch denkenden englischen Marineoffizieren ganz anders beurtheilt, als von der englischen Presse und der Admiral und die Commandanten der Schiffe der englischen Mittelmeer=Escadre ließen wenige Monate später dem Admiral Tegetthoff sagen, sie hofften ihn baldigst in Malta zu sehen, um ihm ihre Bewunderung persönlich auszudrücken; sie wollten ihm gerne eine Adresse senden, doch da ihre Regierung eine dem schleswig=holsteinischen Kriege fast feindliche Stellung eingenommen hatte, so könnten sie diesen Wunsch nicht realisiren, aber sie hofften sich bei einer persönlichen Begegnung dafür zu entschädigen.

Als bei Beginn des schleswig=holsteinischen Feldzuges die Cooperation der Escadre für nöthig erachtet wurde, kam von Wien der Befehl, daß zehn Schiffe unter Commando des Admirals Baron Wüllerstorf abgehen sollten. Hiezu wurden drei Schiffe der Flottenabtheilung des Comodore Tegetthoff in der Levante bestimmt, die übrigen hiezu bestimmten Schiffe waren im Arsenale von Pola abgerüstet; nahezu drei Monate wurden benöthigt, um diese Schiffe eines nach dem andern auszurüsten; wäre damals die Escadre so schnell ausgerüstet worden, wie es im vergan=

genen Jahre der Fall war, so hätten wir vielleicht kein Gefecht bei Helgoland, aber dafür wahrscheinlich eine auch auf die militärischen Operationen zu Lande maßgebende Seeschlacht erlebt; so aber wurde nach den alten Grundsätzen „festina lente" vorgegangen, und ohne Tegetthoff's kühnen Angriff hätte Niemand von der Theilnahme der österreichischen Escadre an dieser Campagne ein Wort erfahren.

Wie rasch war im Gegentheile heuer die ganze Flotte kriegsgerüstet, und wem gebührt in erster Reihe die Anerkennung hiefür? Nur dem Admiral Tegetthoff. — Jedenfalls kann der gefeierte Held die ihm nun zu Theil gewordene Ruhe und Erholung mit dem Bewußtsein genießen, seine Pflicht im höchsten Grade erfüllt zu haben. Er hat zum Lohne dafür die höchsten militärischen Auszeichnungen erhalten, damit hat die Regierung dem Admiral, der ganzen Flotte und der Bevölkerung gegenüber wohl das Verdienst genügend gewürdigt; was weiters mit dem Admiral geschieht, das ist eine rein militärische innere Angelegenheit, eine Familiensache des großen militärischen Institutes. Vom militärischen Standpunkte aus mag die Regierung auch wohl ganz Recht haben, aber Admiral Tegetthoff ist ein zu populärer Mann, die Bevölkerung wußte wohl die großen Verdienste zu würdigen, die der Admiral sich um das Vaterland erworben. Jedem gesunden Menschenverstande leuchtet es ein, daß, wenn Tegetthoff bei Lissa besiegt worden wäre, Dalmatien, Istrien und Triest der italienischen Invasion preisgegeben waren. Italien hätte nicht um Waffenstillstand gebeten, Wälschtirol, welches mit Ausnahme von Trient und Riva bereits von italienischen Truppen besetzt war, hätte das Schicksal Venetiens getheilt und die Friedenspräliminarien in Nikolsburg hätten wahrscheinlich oneröser gelautet. — Admiral Tegetthoff hat

aber durch seinen Sieg den zweiten Theil des Feldzugplanes
scheitern gemacht und damit den unglücklichen Feldzug eher zu
Ende gebracht, als es im Willen der Alliirten gewesen sein mag.
Deswegen glaubt aber auch die Bevölkerung ein Recht zu haben,
sich um das fernere Schicksal des beliebten Admirals zu küm=
mern, und jeder Patriot wird bedauern, den verdienstvollen
Mann aus Gott weiß was für Gründen zur Unthätigkeit ver=
urtheilt zu sehen. Die Flotte in erster Reihe wird den Verlust
des innig geliebten Führers betrauern; gewöhnt seit Jahren
an seine Führung, sicher, unter seinem Kommando überall eine
imponirende Stellung einzunehmen, wird ihr diese Führung
umsomehr mangeln, da die Verhältnisse gegenwärtig in der
Levante zu wichtig sind. Aber gerade diese Verhältnisse hätten
es der Regierung möglich gemacht, von den bestehenden Grund=
sätzen abzuweichen und dem Admiral Tegetthoff das Escadre=
commando zu belassen, selbst wenn diese Escadre nur aus
wenigen Schiffen besteht. Die Stellung eines Escadrecomman=
danten in der Levante ist seit vielen Jahren nie eine bloß mili=
tärische; wie sehr Admiral Tegetthoff die politischen Verhältnisse
des Orientes kennt und von welch' richtigem Standpunkte er die
Stellung eines Escadrecommandanten unter der Flagge einer
Großmacht auffaßt, das hat sein Verhalten in dieser Stellung
während der letzten griechischen Revolution bewiesen. Wer den
Charakter der theilweise noch halbwilden Bevölkerung kennt,
wird zugeben, daß gerade jetzt Admiral Tegetthoff eine Persön=
lichkeit wäre, diesen Leuten zu imponiren. Die Bewohner des
griechischen Archipels und der bei den Seefahrern unter dem
Namen „Levante" bekannten europäischen und asiatischen Küsten=
striche sind fast durchgehends Seeleute von Profession und lieben
Alles, was in ihr Fach schlägt; nebenbei gilt bei ihnen der persön=

liche Muth als höchste Tugend. Käme nun Admiral Tegetthoff in die Levante, so wäre er überall der Held des Tages. Fürchtete sich vielleicht die Regierung, daß das Ausland den verdienstvollen Seemann besser zu würdigen oder mehr zu feiern wüßte als sie selbst? Es wäre bedauernswerth, wenn dieß der Fall und doch könnte man vermuthen, daß Admiral Tegetthoff zum großen Theile nur als Opfer der Intrigue und des Neides fiel. — Vor Beginn des orientalischen Krieges bestand die französische Escadre nur in einer Segelfregatte, zwei alten kleinen Briggs und zwei Dampfern und doch war diese kleine Escadre von einem Vice-admiral befehligt. Aber Admiral Romain des Fossets kümmerte sich am wenigsten um das Escadrecommando, war stets unterwegs, zeigte die französische Flagge überall, suchte den Umgang der hervorragendsten Leute der Bevölkerung und war der thätigste politische Agent, dessen persönliches Ansehen vermehrt wurde durch die Anzahl der Kanonen, die er befehligte und durch die Macht der Flagge, welche er vertrat. — Die orientalische Frage ist aber neuerdings dem Stadium der Entscheidung ebenso nahe, wie sie es zu jener Epoche war.

Und doch können wir uns nach den gegenwärtigen Vorgängen nicht des traurigen Gedankens erwehren, daß die österreichische Flotte nun wieder zu einer Epoche der Stagnation verurtheilt sei und dem Beispiele des Admirals gleich in eine Art von Disponibilität versetzt werde. — Wären nun nicht die gegenwärtigen Vorgänge im Oriente, die doch sicher nur das Präludium ernsterer Ereignisse sind, so müßte man das Vorgehen der Regierung als eine weise finanzielle Maßregel betrachten; — aber so muß Oesterreich an der Lösung der orientalischen Frage ein viel zu reges Interesse für seine eigene Zukunft und Entwicklung nehmen, um nicht zu wünschen, gleich den andern

Nationen sich dort Ansehen durch ein imponirendes Auftreten zu verschaffen, und dieß ist nur durch Entsendung einer entsprechenden Escadre möglich.

Hatte die Regierung es von ihrem Standpunkte aus für genügend erachtet, nur wenige Schiffe jetzt in die Levante zu senden, so ist um so mehr zu bedauern, daß Admiral Tegetthoff nicht das Commando über dieselben behielt; hat man jedoch auch bereits anderweitig über den Admiral verfügt, so gab es ja unter den Linienschiffs-Capitänen, welche bei der Schlacht von Lissa die größeren Schiffe befehligten und sich so sehr auszeichneten und vorzüglich bewährten, mehrere, welche vermöge ihrer Anciennität ebensogut hätten mit dem Commando der Flottenabtheilung betraut werden können, wie der jetzt hiezu bestimmte Schiffscapitän, welcher seit einigen Jahren in Wien Vorstand der Marine-Centralkanzlei war.

Die österreichische Regierung hätte unter den gegenwärtigen Verhältnissen im Oriente durch ihre Flotte Propaganda machen und wieder wenigstens einen Theil jener Sympathien erlangen können, die sie früher bei den dortigen Bevölkerungen im reichen Maße besaß, seither aber durch ihre Politik und die anscheinende Schwäche und Ohnmacht bedeutend verlor.

Nordamerika, stolz auf seine maritimen Erfolge im letzten Kriege, sandte nach dessen Beendigung eine Escadre, bestehend aus den Schiffen, welche sich ausgezeichnet hatten, mit ihren Commandanten und Officieren nach Europa, um sie zu zeigen. Hätte England oder Frankreich den Erfolg von Lissa erlangt, es würde sicher stolz auf diese Escadre gewesen sein, soviel Schiffe davon als möglich in fremde Häfen entsendet haben, um den anderen maritimen Nationen den Admiral und die Officiere zu zeigen, die durch bewunderungswürdigen Muth und Hingebung so Großes geleistet, und eine für die zukünftige Gestaltung der Flotten so wichtige Frage gelöst haben; denn seit Einführung der Dampfkraft, der Eisenpanzerung und des großen Calibers der gezogenen Geschütze war die Schlacht von Lissa die erste Seeschlacht und die Vortheile der neuen Erfindungen konnten praktisch erprobt werden.

In den ersten Wochen nach der Schlacht von Lissa hatte es auch den Anschein, als ob die Regierung die Ansicht erlangt habe, daß die Flotte in ihrer bisherigen Gestaltung ein tüchtiges Institut sei, das nunmehr die Mündigkeit erlangt und von Einem der Ihrigen befehliget werden könne und solle. Doch dauerte diese Illusion nur kurze Zeit. Vor dem heurigen Kriege gab sich die Regierung gegenüber der Reichsvertretung wenigstens anscheinend Mühe, die Nothwendigkeit einer starken Flotte im Principe festzustellen. Aber damals war die ganze Bevölkerung dagegen, da sie die Kriegsmarine nur als einen kostspieligen Luxusgegenstand betrachtete, der im Falle des Bedarfes doch von keinem practischen Nutzen sein könnte. Ritterlich hat sich aber das Stiefkind für die lang erduldete Geringschätzung gerächt und hat bewiesen, daß Seesiege auch für die Entscheidung eines großen Krieges Einfluß haben können. In gerechter Würdigung der Verdienste der Escadre hat sich daher die in den Binnenprovinzen über die Nützlichkeit und Nothwendigkeit der Kriegsmarine gehegte Ansicht wesentlich geändert; Oesterreich bedarf jetzt aus nationalen und politischen Rücksichten einer entsprechenden Seemacht.

Seit dem Frieden von Nikolsburg hat Oesterreich keine deutsche und keine italienische Mission mehr und durch die Macht der Thatsachen ist es auf seine specifisch österreichische Mission angewiesen, jene Mission, die es so lange vernachlässigt und un=

beachtet ließ. Wenn nun diese Mission richtig aufgefaßt wird, so kann Oesterreich in verhältnißmäßig wenigen Jahren an Macht und Stellung das wieder erlangen, was es durch den unglücklichen Ausgang der letzten zwei großen Kriege verloren hat.

Eine der Hauptbedingungen hierfür ist aber die Ausbreitung des Handels und der Industrie. Ein großer Handel gibt seiner Nation Geld und Credit; Geld verschafft Macht; ein bedeutender Handel kann aber nicht ohne den Schutz einer mächtigen Flotte bestehen. Englands Macht wurde durch seinen Welthandel begründet; — der ausgebreitete Handel begann aber erst, nachdem Englands Kriegsschiffe überall siegreich die Herrschaft auf dem Meere behaupteten, und der erste entscheidende Moment hiezu war der Sieg, den Admiral Drake im Jahre 1587 mit der kleinen englischen Escadre, vom Unwetter begünstiget, über einen Theil der großen spanischen Armada erfocht. — Hollands Macht basirte auf seiner Flotte, nur seinen Seesiegen verdankte es hauptsächlich seine Unabhängigkeit von Spanien, und unter dem Schutze seiner Flotte concurrirte Holland mit England um das Monopol des Welthandels.

Oesterreich besitzt alle nöthigen Elementarbedingungen für einen bedeutenden Handel und für eine entsprechende Flotte, welche zu ihrer Anschaffung im Verhältnisse mit anderen Staaten geringere Auslagen erfordert. Ist erst Handel und Industrie etwas gehoben, so ist der Bau eines großen Eisenbahnnetzes die nothwendige Folge, und dann liefern die Urwälder Siebenbürgens und Croatiens das vortrefflichste Eichenholz in übergenügender Menge und zu billigen Preisen; das Eisen aus Steiermark hat sich jetzt ebenso vortrefflich, wie jedes andere, zu Panzerplatten und zur Erzeugung aller Stahlarbeiten erwiesen.

Die Matrosen, die Oesterreich aus seinen Küstenstrichen von Istrien und Dalmatien für die Flotte bekomint, haben jetzt, wie immer, ihren alten Ruf als vorzügliche Seeleute bewährt und sich als ebenbürtige Nachfolger der Kämpfer von Lepanto bewiesen. Der dalmatinische und istrianische Matrose ist von allen seefahrenden Nationen gesucht und besonders die Nordamerikaner wissen die Ausdauer und Geschicklichkeit dieser Matrosen zu würdigen, und es gibt wenig amerikanische Kriegs- oder Handelsschiffe, die in ihrer Bemannung nicht einige Dalmatiner oder Istrianer zählen.

Das gegenwärtige Officierscorps ist zwar kaum für den jetzigen Stand der österreichischen Escadre genügend, aber es ist ein vortrefflicher Stamm, um unter seiner Leitung die zu einer Vergrößerung der Flotte nöthigen jungen Officiere heranzubilden.

Besitzt Oesterreich erst eine größere Flotte und werden die Bemühungen des gegenwärtigen Handelsministers, den inländischen Handel in jeder Richtung zu heben und auszubreiten, ein erfolgreiches Resultat erlangt haben, dann werden die österreichischen Matrosen nicht mehr in so großer Anzahl im Auslande ihren Erwerb suchen müssen, sondern unter der eigenen Flagge sich ihrem Berufe widmen können.

Das Geld, welches zur Vergrößerung der Flotte benöthiget wird, kommt zum größten Theile nur dem eigenen Lande, dem inländischen Handel und der inländischen Industrie zu gute. Oesterreich braucht keine ausländischen Werften zum Baue größerer Schiffe. Die eigenen Werften der Kriegsmarine im Arsenale zu Pola, die Werften des Stabilimento tecnico unter der Leitung des Schiffbaumeisters Strutthoff, endlich das schöne Etablissement Tonello, welches sich erst in jüngster Zeit wieder durch die schnelle Reparatur der Fregatte „Novara" verdienstvoll ausgezeichnet, genügen, um selbst in wenigen Jahren Oesterreichs Flotte auf einen mächtigen Stand zu bringen. Das Stabilimento tecnico in Triest und die Maschinenfabriken Whitehead zu Fiume und Sigl in Wiener-Neustadt haben bereits viele vorzügliche Maschinen für die Kriegsmarine geliefert. Die großen Eisenwerke zu Storé und Zeltweg können stolz auf die von ihnen erzeugten Panzerplatten sein, welche den Geschossen aller möglichen Caliber, einschließlich der Dreihundertpfünder-Armstrongkanone, erfolgreichen Widerstand geleistet. — Die Kanonen der österreichischen Marine stammen, mit Ausnahme weniger Probe- und Modellkanonen, aus der Stückgießerei in Mariazell und die Dreißig- und Achtundvierzigpfünder-Vollkugeln aus eben dieser Gießerei haben an dem Panzer der italienischen Fregatte „Re di Portogallo" den Vorzug des steierischen Eisens thatsächlich bewiesen. — Es gibt wenige Zweige der Industrie, welche nicht von der Kriegsmarine benöthiget werden, doch war bisher der Bedarf natürlich gering.

Es genügt, die Budgetvorlagen des Marineministeriums an den Reichsrath über die beabsichtigte Verwendung der beanspruchten Beträge zu lesen, um daraus die Ueberzeugung zu gewinnen, daß der geringste Theil hiervon der activen Flotte zukommt, und selbst von dieser Summe nur ein kleiner Theil von den wenigen im Auslande stationirten Kriegsschiffen benöthiget wird. Neun Zehntel wenigstens des jährlichen Budget verbleiben also im Inlande, und während bei der Armee der größte Theil des Budget für die täglichen materiellen Bedürfnisse der Truppen und der Pferde verausgabt wird und daher hauptsächlich nur mehreren größeren und kleineren Speculanten zu gute kommt, findet man im Marinebudget die größten Rubriken „Arsenalbauten, Neubau und Reparaturen von Schiffen,

Materialsanschaffung." Tausende von Handwerkern aller Professionen finden durch die Marine Beschäftigung und Verdienst, während der Locostand der Marinetruppen stets auf das Minimum reducirt ist.

In wenigen Jahren dürfte auch der Arsenalbau in Pola beendet sein, wodurch jährlich dann bedeutende Summen des Budget den Neubauten von Schiffen zu gute kommen können.

Wenn daher auch für die nächsten Jahre das Land zur Vergrößerung seiner Flotte größere Summen opfern muß, so ist dieß nur ein dem vaterländischen Handel und der vaterländischen Industrie gewidmetes Capital, das nicht nur wieder dem eigenen Lande zufällt, sondern auch seine guten Zinsen bei neuerdings eintretenden kriegerischen Verhältnissen tragen wird.

Der ausgebreitete Handel, eine der Hauptzukunftsbedingungen Oesterreichs, bedarf, wie bereits mehrmals erwähnt, des Schutzes einer Kriegsmarine. — Durch eifriges Studium, durch persönlich gesammelte Erfahrungen während der Weltumseglung hat der jetzige Handelsminister Admiral Baron Wüllerstorf die Ueberzeugung erlangt, daß die Zukunft des österreichischen Handels in Ostindien, China und Japan liege, daß aber der österreichische Handel in eben jenen Ländern festen Fuß gefaßt haben muß, ehe der neue Seeweg über Suez als Handelsstraße allgemein benützt wird.

Preußen, welches als Seemacht noch keine Bedeutung hat, ja vor zehn Jahren kaum zehn Kriegsschiffe und zwar alle kleinerer Gattung besaß, hat die Wichtigkeit des Schutzes der Handelsschiffe durch Kriegsschiffe in jenen Gewässern gewürdigt und ein paar kleine Corvetten dahin entsendet, welche wie der fliegende Holländer stets diese Gewässer durchkreuzen und bereits mit Japan einen vortheilhaften Handelsvertrag erlangten.

Deshalb bestand aber auch der österreichische Handels=
minister auf der Entsendung einer kleinen Escadre in jene Meere
und auf der Creirung von Schiffsstationen daselbst. Der Aus=
bruch des Krieges verhinderte leider, wie erwähnt, die sofortige
Abreise der dazu bestimmten Schiffe, denn Oesterreich bedurfte
aller seiner Kriegsschiffe im adriatischen Meere.

Hätte man vor sieben Jahren den Rath einiger echten
Patrioten angehört, hätte man nicht taube Ohren für die Bitten
des Erzherzogs Ferdinand Max gehabt, so wäre es, zwar mit
größeren Geldopfern, möglich gewesen, mit der Vergrößerung der
italienischen Flotte gleichen Schritt zu halten; man hätte jetzt,
ohne sich zu schwächen, leicht einige Schiffe in den atlantischen
Ocean und in den indischen Archipel entsenden und dadurch dem
preußischen Seehandel empfindliche Schläge beibringen können,
und Italien hätte sich, wenn Oesterreichs Flotte der seinigen
numerisch nur annähernd gleich gewesen wäre, nicht so leicht
zum Kriege entschlossen. So aber mußte die österreichische Es=
cadre bei Lissa mit dem eigenen Blute der Regierung und dem
Lande die Beweise ihres Werthes und ihrer Nothwendigkeit
liefern. Das Land würdigt es, ob die Regierung ebenfalls, ist
fast zweifelhaft. Und doch möge sie bedenken, daß die Vergrößerung
des Handels nur Hand in Hand mit der Vergrößerung der Flotte
gehen kann, und Oesterreich mehr als alle anderen Staaten
darauf bedacht sein muß, alle seine Hilfsquellen zu verwerthen,
um sich von den traurigen Ereignissen der letzten Jahre so schnell
als möglich zu erholen.

Eine stärkere Escadre ist aber auch eine politische Noth=
wendigkeit für Oesterreich. Nachdem die österreichische Escadre
bei Lissa ihren Werth bewiesen, so wird dieselbe, wenn sie ver=
größert ist, sicher ein gewünschter Alliirter werden. Die Zeit der

traditionellen und Sentimentalpolitik ist vorbei. England und Frankreich besitzen ebenbürtige Flotten, aber im Falle eines Krieges wird jeder Staat Allianzen suchen und sicher bei demjenigen Staate, der ihm die mächtigere Hilfe bieten kann. Ist Oesterreichs Flotte dann numerisch jener der übrigen Seemächte zweiten Ranges gleich, so wird der Tag von Lissa noch schwer in die Wagschale fallen.

Aber auch für die naheliegende Lösung der orientalischen Frage ist die Vergrößerung der Flotte von Wichtigkeit. Oesterreich hat durch die geringe bisher auf seine Flotte verwendete Sorgfalt nicht bloß an Sympathieen und Ansehen in der Levante, sondern auch bei der eigenen Küstenbevölkerung viel verloren und dadurch der russischen Regierung den größten Vorschub geleistet. Die Dalmatiner an der Küste treiben zum größten Theile Seehandel und Fischerei, ja sie sind von der Natur ihres Landes dazu angewiesen, da nur wenige Striche der Küste sich zum Acker= und Weinbau eignen, die Küstenstriche hingegen am meisten bevölkert sind. Nach jahrelangem mühevollen Herumtreiben auf dem Meere ist es dem Matrosen oder Fischer gelungen, sich so viel zu erwerben, um sich ein größeres oder kleineres Handelsschiff oder eine Fischerbarke anschaffen zu können. Dieß ist sein Vermögen, seine Existenz, die Zukunft seiner Familie. Bisher war dieß sauer erworbene Gut im Falle eines Krieges von einem Tage auf den andern in Frage gestellt, denn Oesterreich besaß ja keine Flotte, um seine Küsten vertheidigen, geschweige denn seinen Seehandel beschützen zu können. So suchten denn die Rheder Schutz unter fremder Flagge; das mächtige stamm= und religionsverwandte Rußland gewährte ihnen gerne diesen Schutz, und gar mancher österreichische Rheder läßt seit dem Jahre 1848 sein Schiff unter russischer Flagge segeln; viele andere suchten denselben Schutz für die Dauer der Kriegsereignisse in den Jahren 1859 und 1863.

Während Oesterreich seit dem Jahre 1853 durch seine in der orientalischen Frage befolgte Politik viel von seinen früheren Sympathieen auch in Bosnien, Herzegowina und Albanien verlor, trug dieser Umstand, daß die unter österreichischer Herrschaft an Dalmatiens Küste wohnenden Brüder und Glaubensgenossen in Kriegszeiten den Schutz des mächtigen Czaren an der Newa zur Sicherung ihres Eigenthums anzurufen genöthigt sind, nur dazu bei, die noch übrigen Sympathieen für Oesterreich beinahe gänzlich zu erdrücken; hingegen wuchs hiedurch der Glaube an die unüberwindliche Macht Rußlands, daß dieß allein im Stande wäre, den unter türkischer Willkür schmachtenden Völkern Freiheit und Recht wieder zu erkämpfen. Es ist dieß eine dem Charakter des Südslaven ganz natürliche Folgerung. Der Südslave schätzt die Kraft und unterwirft sich demjenigen, der Macht und Thatkraft beweist; dabei ist er aber auch habgierig und liebt das Geld, obwohl anspruchslos und bescheiden in seinen Lebensbedürfnissen. Während nun Oesterreich bald für, bald gegen die Rajah's Partei ergriff, hat Rußland einen großen Krieg gegen die Türken und deren Beschützer zur Erkämpfung der südslavischen Religions- und Nationalunabhängigkeit geführt, die ausgewiesenen Führer der Rajah's finden in Rußland Ehrenstellen und Versorgung, und Rußland gewährt im Falle der Noth österreichischen Unterthanen Schutz für das persönliche Eigenthum, weil deren Regierung nicht die Macht dazu hat.

Die Heldenthat von Lissa hat die Sachlage geändert und Dalmatien bewiesen, daß Oesterreichs Flotte zu seinem Schutze gegen den feindlichen Nachbar genüge, und somit den Glauben an Oesterreichs Ohnmacht zur See thatsächlich widerlegt. — Möge die Regierung nun die günstige Stimmung benützen, welche der Sieg von Lissa zu Gunsten der Marine in allen Provinzen des Kaiserstaates hervorrief, und rasch mit der Vergrößerung der Marine beginnen; sie wird sicher auf keinen Widerspruch von Seite ihrer Bevölkerung stoßen.

Die österreichische Mission der Regierung gebietet ihr, dem Staate sobald als möglich wieder seine frühere Machtstellung zu erobern. Der Tag von Lissa hat aber bewiesen, daß die Flotte kein zu übersehender Factor für diese Machtstellung ist. Dank dem Admiral Tegetthoff und seiner Escadre kann heute Oesterreichs Flagge, trotz der Niederlagen im Norden, stolz von der Gaffel seiner Kriegsschiffe wehen, und wird gewiß ebenbürtig den Flaggen der großen Seemächte betrachtet werden.

Admiral Tegetthoff hat dem Staate bewiesen, was die Flotte unter seiner Führung vermag, er kennt aber auch besser als viele Andere deren Mängel und schwache Seiten. Schon einmal trachtete er die Vergrößerung der Marine durchzusetzen, ohne dem Staate zu große Opfer aufzulegen; aber seine Behauptung, daß eine der Grundbedingungen hiezu die Abänderung und Reorganisirung der bisherigen weitläufigen und zu kostspieligen Administration sei, machte seine wohlgemeinten Pläne scheitern. Gebe Gott, daß nicht neuerdings die Zukunft der österreichischen Flotte von der Entscheidung dieser Frage abhänge. Admiral Tegetthoff ist nicht der Mann, der seine Ansichten ändert, und was er vor drei Jahren für nothwendig erachtet, das wird er auch ferner aufrecht erhalten. Seine Verdienste um Regierung und Land sind aber derartig allgemein anerkannt, daß seine Ansicht in der Frage über die künftige Gestaltung und Organisirung der Kriegsmarine gewiß maßgebend sein dürfte.

Admiral Tegetthoff ist heutzutage nicht bloß der Abgott der Escadre, sondern auch der Liebling der Bevölkerung. Oesterreich weiß, was es ihm zu verdanken, und kann mit Zuversicht die Ueberzeugung hegen, daß die Opfer, die es zu einer entsprechenden Vergrößerung der Flotte bringen muß, nicht umsonst gebracht werden; denn hat Tegetthoff dießmal mit seiner kleinen Escadre einen übermächtigen und übermüthigen Feind auf's Haupt geschlagen und dem Staate zwei Provinzen gerettet, so wird er das nächstemal, an der Spitze einer mächtigen Escadre, durch seine Erfolge die Anschaffungskosten wohl verwerthen.

Um so mehr aber ist zu bedauern, daß der Admiral gerade jetzt auf Reisen abwesend ist.

Den bevorstehenden cis- und transleithanischen Reichsrathssessionen ist die Aufgabe gestellt, Oesterreichs künftiges Regierungssystem zu berathen und festzustellen. Die Flotte bildet aber auch eine administrative Branche; sollte sie mit Stillschweigen übergangen werden? — Das ist wohl hoffentlich nicht anzunehmen.

Aber wer könnte besser zu Gunsten der Flotte plaidiren als Admiral Tegetthoff?

Die Flotte hat keinen Vertreter in den beiden Häusern, der daselbst Sitz und Stimme hat. Im Herrenhause sitzen mehrere höhere Generale, die theils durch Geburt, theils in Anerkennung ihrer um den Staat erworbenen Verdienste die Würde eines Reichsrathes bekleiden, und in Angelegenheiten der Armee mit Fachkenntniß und überzeugend reden können.

Aber selbst dem besten Patrioten, dem ausgezeichnetsten Redner würde es schwer sein, über ein technisches Fach, wie die Flotte, überzeugend und eindringlich zu reden, wenn er nicht durch längere eigene Erfahrung die nöthigen Kenntnisse erlangt hat. Wiegt der Sieg von Lissa nicht die Verdienste einer jahrelangen, verdienstvollen bureaukratischen Carriere auf? Sind die Folgen des Sieges von Lissa nicht nachhaltiger gewesen, als jene des ruhmvollen Tages von Custozza?

Wäre daher nicht gerade der Sieger von Lissa der geeignetste Vertreter der Flotte in der Reichsvertretung?

Hoffen wir, daß die Regierung bei der begonnenen Neugestaltung der Reichsorganisation die Flotte nicht vergessen wird; denn nach den letzten Vorgängen zu urtheilen, scheint der Staatsminister ernstlich auf die Erreichung des sich gestellten Zieles hinzuarbeiten. Daß derselbe die Flotte als nicht überflüssig betrachtet, beweist die von ihm verlangte und auch erreichte Entsendung einer Flottenabtheilung in die levantinischen Gewässer.

Schon erwähnen italienische Blätter wieder des beliebten Thema's: „Die Adria sei ein italienischer See." Uebermüthig durch die, Dank den preußischen Waffen, erlangten Erfolge, trotz der zwei verlorenen Hauptschlachten, redet man in Italien offen davon, daß Wälschtirol, Triest und Istrien dem italienischen Königreiche einverleibt werden müssen, um Italien vollständig zu constituiren; der Prozeß Persano's wird stets vertagt, um die Erinnerung an Lissa zu schwächen, wo möglich zu verwischen, und mehr denn je rechnet Italien im Falle einer neuen kriegerischen Eventualität auf seine Flotte. Hat sich auch dieselbe bei Lissa nicht bewährt, so gab doch diese Schlacht der italienischen Regierung Gelegenheit, die Männer kennen zu lernen, deren Händen die maritime Ehre Italiens mit mehr Chancen anvertraut werden kann. Sollte daher unter gleichen Verhältnissen wie zu Lissa noch eine Schlacht geliefert werden, so dürfte Oesterreich den Sieg theurer zu erkaufen haben.

Mit der vollkommensten Küstenbefestigung wäre die Insel Lissa und Dalmatien verloren gewesen, während ein paar große Fregatten mehr dem Admiral Tegetthoff es ermöglicht hätten, die geschlagene italienische Flotte noch erfolgreich verfolgen zu können.

Möge darum das Blut bei Lissa nicht umsonst geflossen sein und die durch einsichtsvollen, opferfreudigen Patriotismus ermöglichte Vergrößerung der österreichischen Kriegsmarine — ihren ruhmvollen Helden an der Spitze — als dieses Sieges schönste Frucht hervorgehen.